1 MONTH OF
FREE
READING

at

www.ForgottenBooks.com

By purchasing this book you are eligible for one month membership to ForgottenBooks.com, giving you unlimited access to our entire collection of over 1,000,000 titles via our web site and mobile apps.

To claim your free month visit: www.forgottenbooks.com/free984771

ISBN 978-0-267-02357-8
PIBN 10984771

For support please visit www.forgottenbooks.com

Die deutsche Reichspost.

Beantwortung einer Zeitfrage.

Der hohen National=Versammlung in Frankfurt a. M.

gewidmet

von

C. v. Negelein,

Königl. Preuß. Ober=Post=Secretair.

Breslau,
im Verlage von Graß, Barth und Comp.

1848.

Unter allen Staatseinrichtungen, die bei der Neugestaltung der Verhältnisse in Deutschland einer Reform bedürfen, ist es das Postwesen hauptsächlich, welches auf eine verbesserte Einrichtung Anspruch macht. Schon längst ist eine Einheit desselben in Deutschland für nothwendig erachtet worden, wenn dieses Institut seinen Zwecken vollständig entsprechen soll. Alle anderen Staatseinrichtungen stehen mehr oder weniger abgesondert da und können in Uebereinstimmung der Prinzipe auch von den einzelnen Landestheilen einheitlich verwaltet werden. Die Postanstalt steht indessen fast stündlich in unmittelbarer Verbindung mit dem benachbarten Staaten = Verbande. Sie kann um so eher ihrem Zweck entsprechen, je größer das Gebiet ist, welches sie umfaßt und je weniger Hemmnisse durch die Verschiedenartigkeit der Einrichtung einzelner Distrikte entgegentreten.

1 *

Bei dem gegenwärtigen Bestreben, eine Einheit in Deutschland zu erzielen, ist auch für das Postwesen eine bessere Einrichtung zu erwarten. Es sind in dieser Beziehung viele Vorschläge gemacht, die wohlgemeint sind, auch theilweise nützlich erscheinen, um zu einem genügenden Ziele zu gelangen. Sie sind indessen nicht übereinstimmend und zerfallen hauptsächlich in zwei Ansichten, entweder

die Landes-Posten bestehen zu lassen und ihnen nur eine übereinstimmende Form mit einer Centralisation durch die Reichsgewalt zu geben; oder

Eine allgemeine Reichspost in Deutschland zu gründen.

Es darf nicht verkannt werden, daß in beiden Fällen Zwecke erreicht werden, die für das Gedeihen des Instituts ersprießlich sind, und für die Gesammtheit aller Staatsangehörigen wohlthätige Folgen mit sich bringen. Schwierigkeiten zu überwinden ist bei Anwendung beider Formen zu erwarten. Es würde demnach die Frage entstehen, welche Form die wenigsten Hindernisse darbietet und mehr Vortheile für das Institut selbst und für das Publikum gewährt.

Beide Formen der künftigen Einrichtung zu beleuchten, ist der Zweck nachfolgender Blätter.

Ehe ich zu der Darstellung der Vortheile und Nachtheile der einen oder andern Form der künftigen Gestaltung der deutschen Posten übergehe, finde ich noch dringend nöthig, einige Worte über den Zweck und Erfolg des Post=Instituts zu sagen.

Jemehr die Intelligenz eines Volks hervortritt, jemehr Kunst, Wissenschaft, Gewerbe und Handel sich Geltung verschaffen, desto mehr wird die Post benutzt und muß allen dienstbar sein, um ihrem Gedeihen förderlich zu werden. Jemehr das Institut selbst sich vervollkommnet, je billiger es benutzt werden kann, desto mehr wird es den Zwecken der Gemeinnützigkeit entsprechen. Die Post darf somit als Mittel betrachtet werden, andere Staatszwecke zu fördern und den Verkehr zu beleben. Dadurch wird sie dem Staatshaushalte auf indirectem Wege Mittel zuführen, die zur Sicherung ihres Bestehens beitragen. Jemehr die Benutzung der Post durch geringe Porto=Taxen und Transport=Gelegenheit erleichtert ist, desto größer wird der Verkehr im Allgemeinen

sein und dem Staatshaushalte die Einnahme-Quellen erwei=
tern, weil Handel, Industrie, Gewerbe und Fabrikwesen an
Ausdehnung gewinnt. Diese sind hauptsächlich die Träger
der Posteinkünfte. Andere Staatsangehörige, die in priva=
tivem Interesse die Post benutzen, gewinnen allerdings auch
durch die erleichterte Benutzung des Postinstituts, und
dieses selbst wird durch die dadurch vermehrte Benutzung
entschädigt.

Das Prinzip der Steuererhebung fast aller deutschen
Staaten ist bis jetzt mehr darauf gerichtet gewesen, auf
direkte Abgaben die Staatseinnahmen zu gründen. Aus die=
sem Gesichtspunkt find auch die Revenüen der Post zu diesen
gezogen worden, denn fast in jedem Staats-Budget finden
wir die Erträgnisse der Post als Einnahmequelle veranschlagt.
Dieses Prinzip mag nun an und für sich richtig sein oder
nicht, auf das Postinstitut angewendet, dürfte es nicht das
richtige sein. Sicher ist es, daß das Postinstitut seinem
ursprünglichen Zwecke mehr entsprechen wird, wenn es nur
als Mittel dient, andere Staatszwecke zu förbern. Das
Aufgeben aller Revenüen von Seiten des Staats wird burch

größere Herabsetzung der Porto = Taxen, die Benutzung der Post erleichtern und auf vielen Wegen werden dem Staate größere Quellen der Einnahmen zugeführt, wodurch der Ertrag der Post mehrfach aufgewogen wird. Es läßt sich diese Ansicht nicht durch Zahlen = Verhältnisse nachweisen, es werden aber viele Staats = Oekonomen diese Meinung theilen.

Hieraus entnehme ich den Grundsatz, daß es an der Zeit sei:

„von dem Post = Institute keine Ueber=
„schüsse zu Staatszwecken zu fordern.“

Die Entwickelung des Post = Instituts, namentlich bei der so dringend nöthigen Verbindung der deutschen Staaten unter sich, ist seit vielen Jahren daran gescheitert, daß die Sorge, die Ueberschüsse vermindert zu sehen, und die Bemühung, den größtmöglichen Gewinn bei der Theilung des Porto's zu erzielen, stets den Ausschlag gegeben und dadurch Hemmnisse dieser Entwickelung entgegen gesetzt hat. Selbst jetzt, wo mit lobenswerthem Eifer für Errichtung einer Einheit in Deutschland Opfer gebracht werden, droht von Neuem die nothwendige Reform des deutschen Postwesens an der Thei=

ung des zu erwartenden Gewinnes zu scheitern, oder
doch wenigstens keine zweckmäßige Reform vollständig her-
beizuführen.

Deshalb möge der Antrag:

„das Post-Institut von Ueberschüssen zu

„entbinden"

Anklang finden, und es dürfte zum allgemeinen Wohle des
Instituts, so wie aller Staats-Angehörigen dieser Grundsatz
der erste sein, den das jetzige deutsche Reichs-Parlament
aussprechen möge.

Wenn das Post-Institut nur besteht, sich selbst zu
erhalten und vielfach andere Staatszwecke zu fördern, ohne
Ueberschüsse zu erwerben, dann erst wird es frei seiner Entwickelung schnell entgegen gehen. Man möchte sagen, alle
Strömungen, die diese Weltanstalt durchziehen, werden freier
und leichter den Kreislauf ihres Betriebes vollbringen und
Segnungen verbreiten, wie sie alle diejenigen nicht ahnen,
die sich an das Prinzip dieser Art Steuererhebung anklam-
mern möchten.

Alle Zweifel über die künftige Gestaltung der deutschen

Poſten würden ſchwinden, jede Feſſel, jede Schwierigkeit, die ſich dieſer Bildung entgegen ſtellt, würde fallen. Das Bild der künftigen Organiſation würde in beſtimmten Umriſſen vor uns ſtehen. Es dürfte dann gewiß nicht ſchwer ſein, den Weg zu finden, der gegangen werden muß, um die nothwendige einheitliche Form zu erreichen.

Alle einzelnen Vorſchläge, ſo durchdacht und dankenswerth ſie auch ſind, von dem Geſichtspunkt ausgehend, daß die Ueberſchüſſe für Staatszwecke und nicht für Porto-Herabſetzung verwendet werden mögen, werden nie die Mängel beſeitigen können, die der Entwickelung des Inſtituts entgegen ſtehen und daſſelbe ſeinem urſprünglichen Zwecke näher führen. Sehr fürchte ich, daß gerade dieſer Theil der Staatseinrichtungen theils zu wenig beachtet wird, theils zu wenig Intereſſe gewährt hat, um einen genügenden Ausſpruch zu thun, der praktiſch ausführbar iſt, und allen Anforderungen entſpricht.

Um ein richtiges Urtheil zu fällen, frage man nicht bisherige Verwalter der Staats-Oekonomie; man trete zum Volke mit dieſer Frage und höre die Anſichten intelligenter

Männer des Fabrik=, Gewerbe= und Handelsstandes, wel=
chen Nutzen die stete Herabsetzung des Portos mit sich bringt,
und auf welchem Wege dadurch den Staatskassen wieder
Entschädigungen zugeführt werden.

Jeder Vortheil, der der Industrie, den Gewerben, dem
Fabrikwesen und dem Handel zugewendet wird, bringt an sich
reichen Segen und giebt den Ausschlag bei dem materiellen
Werth des Staatskörpers. Auch diese Ansicht hat sich durch
die Erfahrung bewährt, denn gerade in der Zeit, in der der
Preußische Staat zu freiwilligen Anleihen gezwungen war,
hat man Mittel ergreifen müssen, die eben gedachten Stände
ohne Rücksicht auf Ausfälle bei den Post=Ueberschüssen zu
Hülfe zu eilen. Es erfolgte die sehr bedeutende Herabsetzung
des Porto's für Baarsendungen und Pakete. Schon längst
würde diese Maaßregel von guten Folgen gewesen sein, jetzt
aber gebot es die Nothwendigkeit, mit dieser Porto=Ermä=
ßigung vorzuschreiten, um dem gesunkenen Credit durch er=
leichterte Sendung des Baaren und überhaupt diesen Stän=
den zu helfen. Ein sicherer Beweis, welcher Werth auf die
Blüthe derselben gelegt werden muß, da diese hauptsächlich

die Beschäftigung und die Wohlfahrt des Proletariats in Händen haben.

Sehr wohl fühle ich, daß es Bedenken erregen wird, den Staatskassen die Ueberschüsse der Post zu entziehen, namentlich in dem gegenwärtigen Augenblicke. Welche Bedeutung hat indessen die Höhe der Post-Erträgnisse für den Staatshaushalt? Wie leicht wird es möglich sein, die baaren Ueberschüsse der Post zu entbehren, da auf anderen Wegen sich die Zuflüsse zu den Staatskassen vermehren würden.

Daß die Absetzung der Post-Erträgnisse in einem wohlgeordneten Staatshaushalte möglich sei, dafür will ich nur ein Beispiel anführen.

Als vor einigen Jahren der Preußische Staat in den Verhältnissen war, Steuern erlassen zu können, wurde der Betrag von anderthalb Millionen Thalern zu diesem Zwecke von Sr. Majestät dem Könige bestimmt.

Würde der Preußischen Post der Ueberschuß, der noch nicht die zu ermäßigende Steuer erreichte, erlassen worden sein, damit sie in erheblicher Art die Porto-Taxen herabsetzen konnte, dann würde der Segen aus dieser Maaßregel

nicht ausgeblieben sein. Wir würden dann auch nicht nöthig ge=
habt haben, auf England zu blicken, um von dort die Erfahrung
zu holen, in welchem Maaße die Herabsetzung des Porto's einen
unendlich vermehrten Verkehr hervorrufen kann.

Die Vertheilung des königlichen Geschenkes ist bekannt,
die meisten Provinzial = Landstände entschieden sich dahin,
daß die Salzsteuer herabgesetzt werde, weil es für eine Wohl=
that erachtet wurde, daß das Salz der ärmeren Klasse der
Einwohner billiger geliefert werden konnte. Diese große
Summe des Steuererlasses verschwand durch einzelne Pfen=
nige für die ärmeren Klassen und hat somit fühlbare Wohl=
thaten nicht herbeigeführt. Nur die größeren Gutsbesitzer
und Gewerbetreibende, die eine große Salzconsumtion haben,
genossen einen persönlichen Gewinn. Nutzen hat diese Maß=
regel wohl nicht weiter geschaffen, als einen größeren Ver=
brauch des Salzes herbeigeführt zu haben, und dieser ist kein
so großer Gewinn für die Staatsangehörigen, wenigstens
steht er mit dem Nutzen, den die Verwendung der Post=
Ueberschüsse zur Herabsetzung der Porto = Taxen gebracht ha=
ben würde, in keinem Verhältniß.

Man möge diese Abschweifung entschuldigen; sie war nothwendig, die Zwecke und den künftigen Wirkungskreis des Post-Instituts klar zu machen.

Zu dem Hauptzwecke meiner Betrachtungen zurückkehrend, werde ich die Verhältnisse zu beleuchten haben, die sich

„bei Belassung der einzelnen Landes-
„Posten mit einer Centralisation bei
„der Reichsgewalt

darbieten.

Wenn von dem Grundsatze ausgegangen wird, daß die Souverainitäts- und Hoheits-Rechte der einzelnen Regierungen der deutschen Staaten möglichst geschützt werden müssen und die Staats-Einrichtungen in Bezug auf die persönlichen Verhältnisse der Beamten dieses Instituts keine Aenderungen erleiden sollen, auch selbst die Reichsgewalt mit nicht zuviel Rechten ausgestattet werde, dann ist freilich diese, oben angegebene Einrichtung nothwendig. Die Schwierigkeiten einer einheitlichen Einrichtung auf diesem Wege, wie sie dem Institute nöthig ist, um aus diesem Gewirre der verschiedenartigsten Formen und divergirenden Verträge mit ben deutſchen Staaten unter ſich, und den außerdeutſchen herauszukommen, ſind allerdings groß. Iſt die Bedingung daran geknüpft, daß die Erträgniſſe der Poſt in bisheriger Art den Staaten zu ihrem Haushalte nicht entzogen werden, ſo ſind dieſe Hinderniſſe noch größer.

Es wird darauf zurückgegangen werden müſſen, dieſe Einheit in der Form eines Vereins zu ſuchen, deſſen Bildung indeſſen an der Höhe oder Verminderung der Einkünfte ſchon früher beinahe ſcheiterte.

Die Ausführbarkeit dieſer Idee liegt indeſſen nur in Beachtung des Geſichtspunktes, daß einfache directe Porto-Taxen, nach allen deutſchen Poſtanſtalten angenommen werden und die Theilung der Porto-Beträge im Einzelnen aufhört. Demgemäß werden alle Verträge der deutſchen Staten unter ſich aufgehoben, die Verträge mit ausländiſchen für den ganzen Verband geltend gemacht werden, und die Theilung der Revenüen im Ganzen bewirkt. Einheitliche Verwaltungsnormen würden dann für alle Staaten angenommen werden müſſen.

Obwohl auf dieſe Weiſe die Verwaltungs-Koſten ſowohl,

als auch die Erträgnisse gemeinschaftlich sind, so wird die Art und Weise der Vertheilung im Ganzen dennoch seine Schwierigkeit haben. Wo es sich um Geldinteressen handelt, wird stets ein Streit hervorgerufen werden, auch wenn die Grenzen der Theilungs-Prinzipe noch so scharf gezeichnet und angenommen sind. Die Kosten der Verwaltung des Instituts sind immer der Barometer der Erträgnisse und die Gewährung dieser Ausgaben sind immer ein Gegenstand der Beneidung. Der Aufwand, den dieser oder jener Staats-verband für das Institut oder für das Publikum zu machen für nöthig erachtet, wird stets, auch wenn die Reichsgewalt sie billigt, von andern als partheilich betrachtet werden.

Mehr als bis jetzt kann freilich auf diesem Wege von dem Institute geleistet werden, doch aber nie so viel, als wir die Anforderungen der Jetztzeit an dasselbe stellen können und müssen.

Die Errichtung einer allgemeinen Reichspost

ist eine umfassendere Maaßregel, sie kann nur dadurch zur Geltung kommen, daß die Ausübung des Postregale mit allen Befugnissen der Reichsgewalt übertragen würde, und die Einzelstaaten sich des Rechtes aller inneren Einrichtungen begeben. Das Mittel, eine umfangreichere Postverwaltung zu schaffen, ist nicht neu, da ein Theil der deutschen Staaten bereits die Verwaltung der Posten seit längerer Zeit anderen Verwaltungen übertragen hat. Verbindet sich die Idee einer von einzelnen Staaten unabhängigen Reichspost mit den Befugnissen, nur das Post-Institut sich selbst erhalten zu lassen und durch stete Herabsetzung des Porto's gemeinsamen Staatszwecken zu dienen, so kann allerdings ein großartiges Ganze geschaffen werden, welches der Vervollkommnung näher tritt.

Die Entäußerung des Rechts, das Postregale auszuüben, ist im Grunde nicht von der hohen Bedeutung, die man sich nach der bisherigen Gewohnheit denkt. Das Aufgeben der Gesandtschaften ist ein viel größerer Verlust an den Hoheitsrechten.

Die bisherige Verwaltung der Posten ist leider zu sehr abhängig von der Finanz-Verwaltung der einzelnen Staaten und wurde dadurch der Entwickelung des Instituts, den Er-

leichterungen des Verkehrs und dem Wohle des Volks oft
hinderlich. Es ist öfters vorgekommen, daß die nothwendig=
sten Mittel zur ehrenvollen Unterhaltung des Instituts so=
wohl, als auch Erleichterungen für das Publikum herbeizu=
führen, von der Finanz=Verwaltung abhängig, oftmals nicht
bewilligt wurden, um die höheren Ueberschüsse nicht voraus=
sichtlich zu vermindern.

Die Einrichtung eines Reichs=General=Postamts unter
der Reichsgewalt wird den Erlaß eines für die deutschen
Staaten geltenden Post=Gesetzes zur Folge haben, welches
die Rechte und Pflichten der dem Institut angehörenden Be=
amten, der Staaten und des Publikums umfaßt. Nicht
minder würden die Grundsätze der inneren Organisation des
Instituts die Post=Taxen und die Postcourse nach allgemein
geltenden Grundsätzen festgestellt werden müssen.

Allen diesen Einrichtungen stellen sich durchaus keine
Schwierigkeiten in den Weg. Eine Centralisation muß frei=
lich ihre Grenzen haben, damit sie nicht zu umfangreich
wird, wodurch es ihr an Kräften fehlen würde, erfolgreich
zu wirken. Die Beschränkung dieser Grenzen des Umfanges

der Centralisation liegt indessen in der Uebertragung der Be-
fugnisse der Bezirks-Ober-Postbehörden, die für die ver-
schiedenen Ländertheile in beschränkterer Form als bisher bestehen bleiben könnten, um den Dienst zu überwachen. Die
Aufsicht über Ausübung aller Grundsätze bei der Verwaltung,
die Verwendung der Fonds, die Schließung der Verträge mit
dem Auslande, wird mit eine Hauptaufgabe der Central-
Behörde bei der Reichsgewalt sein.

Ein Hinderniß der Einrichtung einer Reichspost würde
sich eher in den Geldmitteln finden, die aufgebracht werden
müßten:

1) Gewährung der Entschädigungen für die Uebernahme
der bisher von dem Hause Taxis verwalteten Posten;

2) Gewährung der von den einzelnen Staaten bezogenen
Revenüen von den Postüberschüssen;

3) Gewährung der Entschädigungen für das zu überneh-
mende Inventar.

In Betreff der
erstens genannten Entschädigungen für die aufzugebenden
Revenüen des Fürsten von Thurn und Taxis so wären

solche in eine Rente zu verwandeln, die aus der aufzubringenden Einnahme zu gewähren ist. Da nun im Königreich Würtemberg die Verwaltung der Posten als Mannslehn übertragen worden ist, und von den übrigen deutschen Staaten diese nur auf zeitweise Pacht vergeben wurde, so wird eine Vereinbarung wohl zu bewirken sein, um die Höhe der Rente festzusetzen. Indessen könnten sich doch noch andere Entschädigungs=Objecte darbieten, um das Institut dieser Last zu entheben;

zweitens der gänzliche Erlaß der Post=Ueberschüsse von Seiten der einzelnen Landes=Regierungen ist immer das zweckmäßigste Mittel, das Post=Institut seinen eigentlichen Zwecken näher zu führen. Ist der Verlust dieser Staats=Einnahmen indessen nicht zu übertragen, und können sie von mir hierüber ausgesprochenen Ansichten nicht adoptirt werden, so werden die Erträgnisse der Reichspost auch diese Zahlungen zu leisten vermögen, besonders wenn eine geeignete Reduction dieser Erträgnisse bei Berücksichtigung von nothwendigen Porto=Ermäßigungen zugestanden wird.

Drittens. Das Capital-Vermögen des Inventariums ist zwar groß; würde dieses von der Reichsgewalt erkauft werden müssen, so ist eine Schuldenlast, deren Verzinsung einen großen Theil der Ueberschüße in Anspruch nehmen würde, unausbleiblich. Es dürfte indessen das Auskunfts=mittel zur Anwendung kommen, daß das liegende Inven=tar, Grundstücke und sonstige Etablissements, den jetzt im Besitz befindlichen Ländern verbleibt und nur von der Reichsgewalt unterhalten wird. Das Cours= und Büreau=Inventar verbliebe den Landestheilen auch, als die Unter=haltung und neue Anschaffung desselben gleichfalls der Reichsgewalt obläge. Beides wird zum besten des jetzigen Eigenthümers nur verwaltet und erhalten. Neue Erwer=bungen von Besitzthum müßte den Ländern auch als Ei=genthum verbleiben, in dem solche gelegen sind. Die Reichsgewalt wäre somit ohne effectiven Besitz in dieser Beziehung und dies liegt auch wohl in der Idee der Be=fugnisse derselben.

Es ist vorgeschlagen worden, die Erträgnisse der Post ganz zur Disposition der Reichs=Kasse zu stellen, wodurch den einzelnen Ländern eine Verminderung der allgemeinen Reichskosten erwachsen würde. Auch diese Maaßregel ist ausführbar, wenigstens bietet sie kein Hinderniß, die Idee einer allgemeinen Reichspost in Ausführung zu bringen. Es frägt sich nur, ob dieses Mittel der Ausgleichung, mit Rücksicht auf die Form der Zahlungen für die Reichskasse, zu den gerechten gezählt werden kann, da einzelne Länder einen verhältnißmäßig nicht gleich hohen Ertrag der Post-Revenüen bezogen haben.

Ausführbarer erscheint es immer, daß die Zuschüsse zu den Staatskassen aus den Postrevenüen nach der bisherigen Norm von der Reichspostkasse geleistet, aber so viel als möglich ermäßigt werden, bis diese ganz entbehrlich sind.

Diese Betrachtungen schließe ich mit dem Wunsche, daß die jetzt gesetzgebenden Gewalten die Ueberzeugung gewinnen möchten, es sei für das Post-Institut in Deutschland die zweckmäßigste Einrichtung,

„eine von einzelnen Staaten unabhän-

„gige Reichspost zu gründen, die nur für

„ihre Erhaltung, für die Interessen des

„Volks wirkt, und keine baaren Ueber-
„schüsse für Staatszwecke zu erwerben
„hat.“

Lightning Source UK Ltd.
Milton Keynes UK
UKHW010636170119
335572UK00014B/1962/P